הִנְנִי

The New Hebrew Through Prayer

Workbook
1

Roberta Osser Baum

Cover and Book Design: Irving S. Berman
Electronic Composition and Page Production:
21st Century Publishing and Communications
Project Editor: Terry S. Kaye

בָּרְכוּ

A Call to Prayer

The בָּרְכוּ, the *Call to Prayer*, is the official start of the prayer service. Write the בָּרְכוּ on the lines below by placing the Hebrew words in the correct order. Use the English below each line as your guide. A writing chart at the back of this book shows the Hebrew letters in print and script.

בָּרוּךְ   יְיָ   בָּרְכוּ   לְעוֹלָם וָעֶד   הַמְבֹרָךְ

__________	__________	אֶת	__________
who is to be praised	Adonai		praise

__________	__________	__________	__________
forever and ever	who is to be praised	Adonai	praised is

FAMILY LETTERS

In the בָּרְכוּ, members of the letter family ך כ כּ appear in the following words:

בָּרְכוּ בָּרוּךְ הַמְבֹרָךְ

Each word below contains one or more members of this letter family. Practice reading the words.

Circle the three words below that appear in the בָּרְכוּ.

(Hint: See lines 3 and 6.)

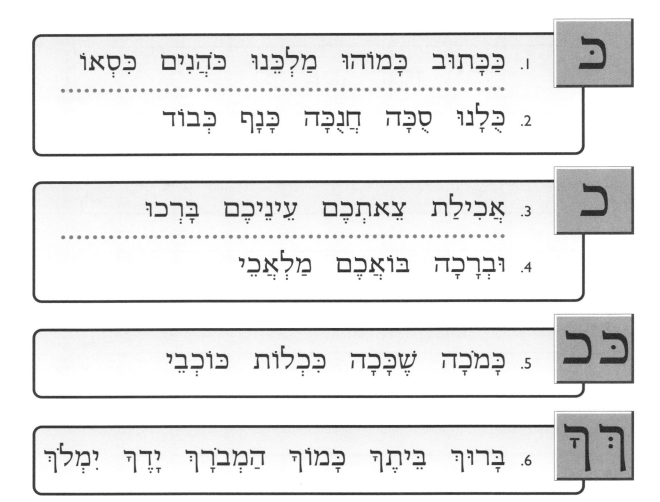

כּ

1. כַּכָּתוּב כָּמוֹהוּ מַלְכֵּנוּ כֹּהֲנִים כִּסְאוֹ

2. כֻּלָּנוּ סֻכָּה חֲנֻכָּה כָּנָף כְּבוֹד

כ

3. אֲכִילַת צֵאתְכֶם עֵינֵיכֶם בָּרְכוּ

4. וּבְרָכָה בּוֹאֲכֶם מַלְאֲכֵי

כּ כ

5. כָּמֹכָה שֶׁכָּכָה כִּכְלוֹת כּוֹכְבֵי

ךָ ךְ

6. בָּרוּךְ בֵּיתֶךָ כָּמוֹךָ הַמְבֹרָךְ יָדֶךָ יִמְלֹךְ

FINAL LETTERS

Five letters have final forms: ך כ ף פ ץ צ ן נ ם מ.

The final letter ך is written with the vowel ְ or ָ (ךְ or ךָ).

The other four final letters are usually not written with vowels: ף ץ ן ם.

Practice reading the word-parts and words below. Each one contains a final letter.

ם

1. לָם חֶם דִים הָעוֹלָם לֶחֶם מוֹעֲדִים

ן

2. מֵן פֶּן תֵן אָמֵן הַגָּפֶן נוֹתֵן

ץ

3. עֵץ רֶץ פֵּץ הָעֵץ הָאָרֶץ חָפֵץ

ף

4. גוּף לִיף סֵף הַגוּף יַחֲלִיף יוֹסֵף

ךְ

5. לֶךְ תָךְ רִיךְ מֶלֶךְ אוֹתָךְ בְּרִיךְ

ךָ

6. שֶׁךָ לֶיךָ שִׁיךָ אֵלֶיךָ מַעֲשֶׂיךָ

RECOGNIZING THE ROOT ברכ

You know the following words built on the root ברכ:

בָּרְכוּ   בָּרוּךְ   הַמְבֹרָךְ

Unscramble the English letters below and write the two meanings of the root ברכ.

________________   ________________

(slebs)   (asipre)

Practice reading these words built on the root ברכ.

1. בְּרָכוֹת   יְבָרֶכְךָ   בָּרְכוּנִי   יִתְבָּרַךְ   בִּרְכַּת
2. וּבְרָכָה   בָּרְכֵנוּ   בְּרָכָה   הַמְבֹרָךְ   בָּרְכוּ

SIDDUR PHRASES

Write the root letters ברכ over each word built on the root ברכ.
Read the word. Then read the complete phrase.

1. בָּרוּךְ אַתָּה יְיָ נוֹתֵן הַתּוֹרָה
2. בָּרְכוּ אֶת־יְיָ הַמְבֹרָךְ
3. בִּרְכַּת הַמָּזוֹן
4. וְעַל כֻּלָּם יִתְבָּרַךְ וְיִתְרוֹמַם שִׁמְךָ מַלְכֵּנוּ
5. שִׂים שָׁלוֹם טוֹבָה וּבְרָכָה

Which phrase is the first sentence of the בָּרְכוּ? Write the phrase number here. ________

READING RULE

The דָּגֵשׁ

The דָּגֵשׁ is a special dot sometimes found in the middle of a Hebrew letter.

The דָּגֵשׁ changes the sound of these family letters:

בּ ב   כּ כ   פּ פ

Many times the דָּגֵשׁ does *not* change the sound of a letter:

גּ דּ וּ זּ טּ יּ לּ

מּ נּ סּ צּ קּ שּׁ שּׂ

Write the letter with a דָּגֵשׁ above that looks like the vowel sound "oo." __________

Each letter below has a דָּגֵשׁ. Circle the sounds that change because a דָּגֵשׁ has been added.

1. דּ מּ גּ בּ קּ סּ פּ
2. לּ נּ תּ צּ כּ יּ בּ
3. שּׁ זּ טּ פּ שּׂ וּ כּ

SIDDUR PHRASES

Each phrase contains words written with a דָּגֵשׁ.

Read each word with a דָּגֵשׁ.

Then read the complete phrase.

1. בְּאֵלִיָּהוּ הַנָּבִיא עַבְדֶּךָ
2. וּבַיּוֹם הַשְּׁבִיעִי שָׁבַת וַיִּנָּפַשׁ
3. וְכֹל הַחַיִּים יוֹדוּךָ סֶּלָה
4. כִּי מִצִּיּוֹן תֵּצֵא תוֹרָה
5. דְּרָכֶיהָ דַרְכֵי נֹעַם
6. וַיָּרֶם קֶרֶן לְעַמּוֹ

ALEF-BET REVIEW

Sound Off

Can you recite the name of each letter in the Hebrew alphabet below and say the sound each one makes?

Which two letters make no sound? Write them in the box. [ ]

א בּב ג ד ה ו ז ח ט י כּכך ל מם

נן ס ע פּפף צץ ק ר שׁשׂ תּת

It's a Fact!

Count the letters above. How many are there? __________

Now count them again, but this time count only *one* member of each set of family letters. How many are there? __________

This is the number of letters in the Hebrew alphabet.

A Yom Kippur Prayer

וִדּוּי

On Yom Kippur we recite the וִדּוּי prayer in which we confess our sins.

The sins in וִדּוּי are listed in alphabetical order. This arrangement is called an acrostic.

Practice reading the וִדּוּי prayer. Before reading each word or phrase, say the name of the letter that begins the word or phrase.

1. אָשַׁמְנוּ.
2. בָּגַדְנוּ.
3. גָּזַלְנוּ.
4. דִּבַּרְנוּ דֹפִי.
5. הֶעֱוִינוּ.
6. וְהִרְשַׁעְנוּ.
7. זַדְנוּ.
8. חָמַסְנוּ.
9. טָפַלְנוּ שֶׁקֶר.
10. יָעַצְנוּ רָע.
11. כִּזַּבְנוּ.
12. לַצְנוּ.
13. מָרַדְנוּ.
14. נִאַצְנוּ.
15. סָרַרְנוּ.
16. עָוִינוּ.
17. פָּשַׁעְנוּ.
18. צָרַרְנוּ.
19. קִשִּׁינוּ עֹרֶף.
20. רָשַׁעְנוּ.
21. שִׁחַתְנוּ.
22. תִּעַבְנוּ.
23. תָּעִינוּ.
24. תִּעְתָּעְנוּ.

LESSON 2

מַעֲרִיב עֲרָבִים / יוֹצֵר אוֹר

The Cycle of Time

Two prayers, one for evening and one for morning, praise God for the cycle of time. We recite מַעֲרִיב עֲרָבִים each evening as daylight turns to darkness. We recite יוֹצֵר אוֹר each morning as darkness turns back to daylight.

Complete the final Hebrew sentence of each prayer.

(Hint: Look on pages 14 and 18 in your textbook.)

Then, complete the English meaning of each blessing.

EVENING

בָּרוּךְ אַתָּה, יְיָ, ________________ ________________.

Praised are You, Adonai, ________________________________.

MORNING

בָּרוּךְ אַתָּה, יְיָ, ________________ ________________.

Praised are You, Adonai, ________________________________.

RECOGNIZING A BLESSING

A blessing is a prayer that praises God for things we are grateful for. It is a way to say "thank you."

Write the Hebrew phrase that indicates מַעֲרִיב עֲרָבִים and יוֹצֵר אוֹר are blessings.

____

Praised are You, Adonai

Why do you think we praise God for darkness?

____

Why do you think we praise God for light?

____

VOWEL KNOW-HOW

The vowel וּ and the vowel וֹ look similar. Say the sound each vowel makes.

Say the sound these vowels make: ֹ ֻ

Read each line aloud.

1. אוֹת נֹכִי זֹא עֹלָ חוֹת
2. יָנוּ סֻכָּ תֻינוּ סֻבִּין הֲהוּ
3. מֹנוּ כֻּלָּם הָיוּ יוֹם דֹּר

SIDDUR PHRASES

Read each complete phrase.

1. אוֹת הִיא לְעֹלָם
2. מִי כָּמֹכָה נֶאְדָּר בַּקֹּדֶשׁ
3. כֻּלָּנוּ מְסֻבִּין
4. יוֹצֵר הַמְּאוֹרוֹת
5. עַל מְזֻזוֹת בֵּיתֶךָ
6. וּבוֹרֵא אֶת הַכֹּל
7. לֵישֵׁב בַּסֻּכָּה
8. תָּמִיד יִמְלֹךְ עָלֵינוּ

Write the phrase from the lines above that is found in מַעֲרִיב עֲרָבִים.

____

Write the phrases from the lines above that are found in יוֹצֵר אוֹר.

____________________ ____________________

RECOGNIZING THE ROOT ערב

Each word in the phrase מַעֲרִיב עֲרָבִים is built on the root ערב.

What is the meaning of the root ערב? ______________________

What is the meaning of the phrase מַעֲרִיב עֲרָבִים? ______________________

(Hint: Look on pages 15 and 17 in your textbook.)

Jewish holidays begin in the evening. The word עֶרֶב means "evening." When we say עֶרֶב before the name of a Jewish holiday, it indicates the evening the holiday begins. Add the word עֶרֶב to each holiday phrase.

יוֹם כִּפּוּר ________	רֹאשׁ הַשָּׁנָה ________	שַׁבָּת ________
חֲנֻכָּה ________	שִׂמְחַת תּוֹרָה ________	סֻכּוֹת ________
שָׁבוּעוֹת ________	פֶּסַח ________	פּוּרִים ________

AS EVENING FALLS

Write the answers in English:

What evening of each week is עֶרֶב שַׁבָּת? ______________________

How many candles do we light on עֶרֶב חֲנֻכָּה? ______________________

What scroll is read in the synagogue on עֶרֶב פּוּרִים? ______________________

What ritual do we follow in our homes on עֶרֶב פֶּסַח? ______________________

READING RULE

Double-Duty Dot

Sometimes the dot in the שׁ serves two purposes.

The dot identifies the letter שׁ and also serves as the vowel "o" for the letter that comes before the שׁ (חשֶׁךְ = שֶׁךְ + חֹ).

Two = One

Combine the two dots in each word to create one "double-duty" dot for each word. Rewrite the word.

מֹשֶׁה = ______________

שָׁלֹשׁ = ______________

חֹשֶׁךְ = ______________

לִפְרֹשׁ = ______________

Rhythm Reading

Practice reading the word-parts and words below. Each one has a "double-duty" dot.

1. חשׁ מֹשׁ עשׁ לֹשׁ דשׁ בֹּשׁ רשׁ
2. קָדשׁ שָׁלשׁ לִלְבֹּשׁ לִפְרשׁ
3. לָשֶׁת חשֶׁת שְׁלשֶׁת נְחשֶׁת
4. משֶׁה כְּמשֶׁה משֶׁךְ חשֶׁךְ

SIDDUR PHRASES

Draw a circle around the "double-duty" dot in each phrase.

Read the word. Then read the phrase.

1. בְּיַד משֶׁה
2. יוֹצֵר אוֹר וּבוֹרֵא חשֶׁךְ
3. אָחַז יֹשְׁבֵי פְּלָשֶׁת
4. וּבְמשֶׁה עַבְדּוֹ
5. כִּי לֹא יִטשׁ יְיָ עַמּוֹ

Which phrase means "Who forms light and creates darkness"?

Write the phrase number here. ________

(Hint: See pages 18 and 19 in your textbook.)

READING וְ AND וּ AT THE BEGINNING OF A WORD

וְ and וּ mean "and" when they are attached to the beginning of a word.

וְשָׁלוֹם   וּמוֹדִים

Word Building

Read each word-part. Then read the complete word.

1. וְ קַ יָּם   וְקַיָּם
2. וְ רוֹ פֵא   וְרוֹפֵא
3. וְ אוֹ תָ נוּ   וְאוֹתָנוּ
4. וְ הִ גִּי עָ נוּ   וְהִגִּיעָנוּ
5. וְ אָ הַ בְ תָּ   וְאָהַבְתָּ
6. וּ בַ יוֹם   וּבַיוֹם
7. וּ מָ גֵן   וּמָגֵן
8. וּ בוֹ רֵא   וּבוֹרֵא
9. וּ בָ אָ רֶץ   וּבָאָרֶץ
10. וּ מַשְׁ בִּי עַ   וּמַשְׁבִּיעַ

Complete the words in the following phrases from מַעֲרִיב עֲרָבִים and יוֹצֵר אוֹר.

(Hint: Look for the missing words in the "Word Building" exercise above or read pages 14 and 18 in your textbook.)

1. אֵל חַי וְ ________________
2. יוֹצֵר אוֹר וּ ________________ חֹשֶׁךְ
3. עֹשֶׂה שָׁלוֹם וּ ________________ אֶת הַכֹּל

ENDING LETTERS

A letter at the beginning or in the middle of a word needs a vowel to be pronounced.

However, a letter at the end of a word can be pronounced without a vowel.

זֵכֶר   חֶסֶד

Add the correct letter to complete each of the following words. The name of the missing letter is above the line number.

Then read each word aloud. Be sure you sound the last letter in the word!

Resh

1. תָּסִי ____   יוֹצֵ ____   נֵ ____   אוֹ ____

Vet

2. מַעֲרִי ____   לוּלָ ____   עֶרֶ ____   אוֹהֵ ____

Tav

3. שַׁבָּ ____   לַעֲשׂוֹ ____   אַהֲבַ ____   גְּבוּרוֹ ____

Dalet

4. תָּמִי ____   אֶחָ ____   וָעֶ ____   אַפְּקִי ____

Shin

5. קִדּוּ ____   וַיִּנָּפַ ____   שֶׁתְּחַדֵּ ____   רֹא ____

- Write the two words in line 1 above that make up the name of the morning blessing that praises God for light. ____________ ____________
- Write the two words in line 2 that are built on the root ערב.

  ____________ ____________

  What does the root ערב mean? ____________________
- Write the word in line 3 that completes the name of the evening blessing that praises God for giving us Torah and mitzvot. *(Hint: See page 21 in your textbook.)*

  עוֹלָם ____________________
- Write the word in line 4 that completes the phrase meaning "forever and ever."

  ____________________ לְעוֹלָם
- Write the word in line 5 that is the name of the blessing we say over wine on עֶרֶב שַׁבָּת. ____________________

מַעֲרִיב עֲרָבִים/יוֹצֵר אוֹר

Practice reading the complete מַעֲרִיב עֲרָבִים.

מַעֲרִיב עֲרָבִים

1. בָּרוּךְ אַתָּה, יְיָ אֱלֹהֵינוּ, מֶלֶךְ הָעוֹלָם, אֲשֶׁר בִּדְבָרוֹ מַעֲרִיב
2. עֲרָבִים. בְּחָכְמָה פּוֹתֵחַ שְׁעָרִים, וּבִתְבוּנָה מְשַׁנֶּה עִתִּים,
3. וּמַחֲלִיף אֶת־הַזְּמַנִּים, וּמְסַדֵּר אֶת־הַכּוֹכָבִים בְּמִשְׁמְרוֹתֵיהֶם
4. בָּרָקִיעַ כִּרְצוֹנוֹ.
5. בּוֹרֵא יוֹם וָלָיְלָה, גּוֹלֵל אוֹר מִפְּנֵי חשֶׁךְ
6. וְחשֶׁךְ מִפְּנֵי אוֹר, וּמַעֲבִיר יוֹם וּמֵבִיא לָיְלָה, וּמַבְדִּיל בֵּין
7. יוֹם וּבֵין לָיְלָה, יְיָ צְבָאוֹת שְׁמוֹ.
8. אֵל חַי וְקַיָּם, תָּמִיד יִמְלֹךְ עָלֵינוּ, לְעוֹלָם וָעֶד.
9. בָּרוּךְ אַתָּה, יְיָ, הַמַּעֲרִיב עֲרָבִים.

Can you find the phrase that means “brings on the evening”?

How many times does it appear? ______

Write the phrase here. ________________________

Practice reading the complete יוֹצֵר אוֹר.

יוֹצֵר אוֹר

1. בָּרוּךְ אַתָּה, יְיָ אֱלֹהֵינוּ, מֶלֶךְ הָעוֹלָם, יוֹצֵר אוֹר וּבוֹרֵא חֹשֶׁךְ,
2. עֹשֶׂה שָׁלוֹם וּבוֹרֵא אֶת־הַכֹּל.

3. הַמֵּאִיר לָאָרֶץ וְלַדָּרִים עָלֶיהָ בְּרַחֲמִים, וּבְטוּבוֹ מְחַדֵּשׁ
4. בְּכָל־יוֹם תָּמִיד מַעֲשֵׂה בְרֵאשִׁית.

5. מָה רַבּוּ מַעֲשֶׂיךָ, יְיָ! כֻּלָּם בְּחָכְמָה עָשִׂיתָ, מָלְאָה
6. הָאָרֶץ קִנְיָנֶךָ.

7. תִּתְבָּרַךְ, יְיָ אֱלֹהֵינוּ, עַל־שֶׁבַח מַעֲשֵׂה יָדֶיךָ, וְעַל־מְאוֹרֵי־אוֹר
8. שֶׁעָשִׂיתָ: יְפָאֲרוּךָ. סֶּלָה. בָּרוּךְ אַתָּה, יְיָ, יוֹצֵר הַמְּאוֹרוֹת.

Can you find the word on line 3 that means "gives light"?

Write it here. ______________________

(Hint: It is based on the word אוֹר*.)*

LESSON 3

שְׁמַע

Our Pledge of Loyalty

When we recite the שְׁמַע we are stating our belief in one God. Write the שְׁמַע on the lines below by placing the Hebrew words in the correct order. Use the English below each line as your guide.

יִשְׂרָאֵל אֶחָד שְׁמַע

אֱלֹהֵינוּ יְיָ

______________	______________
O Israel	Hear
______________	______________
our God	Adonai
______________	______________
One	Adonai

VOWEL KNOW-HOW

The vowels ָ and ַ are sometimes followed by a י at the *end* of a word.

The י changes the sound of ָ and ַ to "eye."

eye = ַי　　　eye = ָי

שַׁדַּי　　　אֲדֹנָי

Rhythm Reading

Read each word-part with the ending sound "eye."

Then read each whole word.

1. תַי　רַבּוֹתַי
2. דַּי　שַׁדַּי
3. נַי　סִינַי
4. לַי　עָלַי
5. יַּי　חַיַּי
6. תַי　אֲבוֹתַי
7. הַי　אֱלֹהַי
8. תַי　וּשְׂפָתַי
9. נָי　אֲדֹנָי
10. רַי　חֲבֵרַי

Which of these words do we read in the שְׁמַע? ________________

(Hint: The spelling is different in the שְׁמַע*.)*

In the End

Add י to the end of each word to change the *ending* sound to "eye."

Read each word.

אֲבוֹתַ　חַ　וּשְׂפָתַ　דְּבָרַ　עָלַ

FAMILY LETTERS

The family letters שׂ and שׁ appear in the words שְׁמַע and יִשְׂרָאֵל.

Practice reading the word-parts below.

שׂשׁ

1.	שָׁר	שֶׁנָ	שָׁלָ	שָׁתוֹ	שֵׁם	שְׁמַ
2.	שׁוּת	שֶׁה	שַׁר	שְׁמֵ	שׁוֹן	שִׁם
3.	שֵׁלוֹ	שִׁר	שֶׁד	שִׁיפְ	שֶׁגָ	שַׁאֲ

Look to the Right שׁ

Place the dot on the *right* of each ש to make each ש say "sh."

Circle the word below that means "hear." Write the word. ____________________

שָׁלוֹם שַׁבָּת שׁוֹפָר

שֶׁמֶשׁ שְׁמַע בְּרֵאשִׁית

Look to the Left שׂ

Place the dot on the *left* of each ש to make each ש say "s."

Circle the word below that means "Israel." Write the word. ____________________

יִשְׂרָאֵל שָׂמֵחַ שָׂשׂוֹן

וַעֲשִׂיתֶם שַׂמְּחֵנוּ לְמַעֲשֵׂה

Tongue Twisters

Can you read these שׂ שׁ combinations without twisting your tongue?

1.	שׁוֹשׂוֹ	שׁוּשׂוֹ	שַׂשֶׁ	שִׂשֵׁ	שׁוּשֶׂ
2.	שַׂשֵׁ	שׁוֹשׂוּ	שֶׂשִׁי	שַׂשָׁ	שֵׂשֶׁ
3.	שֵׂשֵׁ	שֶׁשׂוֹ	שָׂשֵׁ	שֶׁשֵׂ	שִׂשׂוּ

SSSH!

The letters *alef* (א) and *ayin* (ע) do not make a sound. Only their vowels are sounded.

אֲ עֵי אֱ עוֹ

Sometimes א and ע do not have a vowel. Circle each א and ע in these words.

רֹאשׁ שְׁמַע בְּרֵאשִׁית

Letter Writing

Write *alef* (א) 10 times on the first line below. Write *ayin* (ע) 10 times on the next line.

Select vowel sounds from the box to write with each א and ע.

Challenge a partner to read your sets of sounds aloud!

◌ַ ◌ֲ ◌ָ ◌ִ ◌ִי ◌ֵ ◌ֵי ◌ֶ ◌ֱ ◌ֶי ◌ֹ וֹ וּ ◌ֻ

Alef ______________________________

Ayin ______________________________

READING RULE

Silent ה

The letter ה usually has the sound "h."

However, the letter ה does not have a sound when it comes at the *end* of a word and does *not* have a vowel or a דָּגֵשׁ: תּוֹרָה מוֹדֶה אַתָּה.

Word Building

Read each word-part. Put the word-parts together and read each whole word.

1. סֶ לָה סֶלָה
2. הֹ וֶה הֹוֶה
3. מַ צָּה מַצָּה
4. הַ זֶּה הַזֶּה
5. חֲ נֻ כָּה חֲנֻכָּה
6. שֶׁ עָ שָׂה שֶׁעָשָׂה
7. נֶ הְ גֶּה נֶהְגֶּה
8. אַ הֲ בָה אַהֲבָה
9. יְ הוּ דָה יְהוּדָה
10. בְּ רָ כָה בְּרָכָה
11. מְ זוּ זָה מְזוּזָה
12. תְּ פִ לָּה תְּפִלָּה

PRAYER PHRASES

Circle the words in the prayer phrases that contain both a sounded ה and a ה with no sound.

Practice reading each complete phrase.

1. וְהוּא הָיָה וְהוּא הֹוֶה
2. הָהֵם בַּזְּמַן הַזֶּה
3. וְזֹאת הַתּוֹרָה
4. וְלוֹ הָעֹז וְהַמִּשְׂרָה
5. מַה נִּשְׁתַּנָּה הַלַּיְלָה הַזֶּה
6. וְהָיוּ הַדְּבָרִים הָאֵלֶּה
7. בְּאַהֲבָה וּבְרָצוֹן הִנְחִילָנוּ
8. בּוֹרֵא פְּרִי הָאֲדָמָה
9. חַג הַמַּצּוֹת הַזֶּה
10. תְּהִלָּה לְכָל חֲסִידָיו

THE RESPONSE

The first sentence of the שְׁמַע comes from the Torah (Deuteronomy 6:4). In the days when the Temple stood in Jerusalem, people began reciting a second sentence as a response to the words of the שְׁמַע.

Write the response on the lines below by placing the Hebrew words in the correct order.

(Hint: See page 28 in your textbook.)

כְּבוֹד   בָּרוּךְ   לְעוֹלָם וָעֶד   שֵׁם   מַלְכוּתוֹ

__________ __________ __________ __________ __________

What is the English meaning of the response?

____

A SPECIAL שׁ

The Hebrew letter שׁ is found on many מְזוּזוֹת. The שׁ represents God's name, שַׁדַּי, "Almighty." Sometimes the complete name, שַׁדַּי, is found on the מְזוּזָה. There is a tradition that says that the Hebrew letters that make up the name שַׁדַּי are also initials for the phrase שׁוֹמֵר דַּלְתוֹת יִשְׂרָאֵל, "Guardian of the Doors of Israel." The letter שׁ can help us remember that the שְׁמַע is found inside the מְזוּזָה.

Hear Our Voice

שְׁמַע קוֹלֵנוּ

To hear is more than simply to listen. When we truly hear, we open our minds and our hearts to the meaning of the words. In the prayer שְׁמַע קוֹלֵנוּ, *Hear Our Voice*, we ask God to hear our prayers and accept them with compassion.

Practice reading the prayer. Then:

- Circle the Hebrew words you know—"hear," "God," "our God."
- Underline the words with letters from the letter families בּ ב, כּ כ ך, and שׁ שׂ.

1. שְׁמַע קוֹלֵנוּ, יְיָ אֱלֹהֵינוּ, חוּס וְרַחֵם עָלֵינוּ,
2. וְקַבֵּל בְּרַחֲמִים וּבְרָצוֹן אֶת־תְּפִלָּתֵנוּ.
3. הֲשִׁיבֵנוּ יְיָ אֵלֶיךָ וְנָשׁוּבָה, חַדֵּשׁ יָמֵינוּ כְּקֶדֶם.
4. אַל תַּשְׁלִיכֵנוּ מִלְּפָנֶיךָ, וְרוּחַ קָדְשְׁךָ אַל תִּקַּח מִמֶּנּוּ.
5. אַל תַּשְׁלִיכֵנוּ לְעֵת זִקְנָה, כִּכְלוֹת כֹּחֵנוּ אַל תַּעַזְבֵנוּ.
6. אַל תַּעַזְבֵנוּ, יְיָ אֱלֹהֵינוּ, אַל תִּרְחַק מִמֶּנּוּ.
7. כִּי לְךָ יְיָ הוֹחָלְנוּ, אַתָּה תַעֲנֶה, אֲדֹנָי אֱלֹהֵינוּ.

LESSON 4

וְאָהַבְתָּ

Heart, Soul, Might

The וְאָהַבְתָּ prayer comes from the Torah (Deuteronomy 6:5-9). It follows immediately after the שְׁמַע. The וְאָהַבְתָּ speaks directly to *you*. You are commanded to love God "with all your heart, and with all your soul, and with all your might."

Using the three Hebrew words below, complete the phrases from וְאָהַבְתָּ.

(Hint: See page 34 in your textbook.)

נַפְשְׁךָ   מְאֹדֶךָ   לְבָבְךָ

1. בְּכָל-________ — with all your heart
2. וּבְכָל-________ — and with all your soul
3. וּבְכָל-________ — and with all your might

VOWEL KNOW-HOW

The vowel ָ usually has the sound "ah." The vowel ָ has the "oh" sound in the words כָּל and כָל.

כָּל and כָל both mean "all."

Read both lines aloud.

1. all: כָּל from all: מִכָּל
2. with all, in all: בְּכָל to all: לְכָל

A Prefix

A prefix is a unit of meaning attached to the beginning of a word.

Reread "Vowel Know-How" above and write the following:

- the Hebrew prefix that means

  from: ___________ with: ___________ to: ___________

Familiar Phrases

Circle כָּל and כָל in the phrases below.

What is the meaning of these words? ___________

Read each complete phrase.

Which two phrases do we read in the הַגָּדָה at the פֶּסַח seder? #_____and #_____

1. מְלֹא כָל הָאָרֶץ כְּבוֹדוֹ
2. בְּכָל עֵת וּבְכָל שָׁעָה בִּשְׁלוֹמֶךָ
3. מַה נִּשְׁתַּנָּה הַלַּיְלָה הַזֶּה מִכָּל הַלֵּילוֹת?
4. וְגֹרָלֵנוּ כְּכָל הֲמוֹנָם
5. שֶׁבְּכָל הַלֵּילוֹת אָנוּ אוֹכְלִין

READING RULE

A Special Letter

Sometimes a letter changes its sound when it has a דָּגֵשׁ: פּפ כּכ בּב.

The letter *vav* with a דָּגֵשׁ (וּ) does not change its sound.

Write the English sound below each of these Hebrew letters.

טּ	וּ	מּ	סּ	קּ
________	________	________	________	________

Which *letter* looks like the vowel sound "oo"? ________

> Two clues tell you when וּ is a Vav with a דָּגֵשׁ:
> 1. If the letter *preceding* וּ already has a vowel (וְצִוָּנוּ)
> 2. If וּ has its own vowel sound (וְצִוָּנוּ)

Word Building

Read each word-part.

Put the word-parts together and read each whole word. (Remember the two reading clues when you see וּ.)

1. קַ וָּם — קַוָּם
2. צִ וָּה — צִוָּה
3. קִ וִּי נוּ — קִוִּינוּ
4. כַּ וָּ נָה — כַּוָּנָה
5. וְ צִ וָּ נוּ — וְצִוָּנוּ
6. מְ צַ וְּ ךָ — מְצַוְּךָ

The Missing Word

Add the word that is missing from this sentence in וְאָהַבְתָּ.

(Hint: The missing word is in the "Word Building" exercise above and also on page 34, line 3, in your textbook.)

וְהָיוּ הַדְּבָרִים הָאֵלֶּה, אֲשֶׁר אָנֹכִי ________ הַיּוֹם, עַל-לְבָבֶךָ.

Set these words, which I command you this day, upon your heart.

SH'VA

Sounded Sh'va

The vowel ְ is called *sh'va*.

When *sh'va* is sounded, it is pronounced "uh," as "alone."

At the beginning of a word *sh'va* is always sounded (כְּ שֵׁם).

Read each word-part. Read the complete word.

.1	כְּ בוֹד	כְּבוֹד
.2	בְּ רִית	בְּרִית
.3	שְׁ בִי עִי	שְׁבִיעִי
.4	בְּ שָׁ מַיִם	בְּשָׁמַיִם
.5	מְ זֻ זוֹת	מְזֻזוֹת
.6	לְ עוֹ לָם	לְעוֹלָם

Quiet Sh'va

In the middle of a word *sh'va* is often *not sounded*. Read each word-part. Read the complete word.

.1	אֶתְ כֶם	אֶתְכֶם
.2	מִצְ רַ יִם	מִצְרַיִם
.3	אֲ נַחְ נוּ	אֲנַחְנוּ
.4	וְ אָ הַבְ תָּ	וְאָהַבְתָּ

Sh'va x 2

When two *sh'va* vowels appear in the middle of a word (ְ ְ), the first *sh'va* is *not sounded* and the second *sh'va* is *sounded* (נַפְשְׁךָ).

Separate the double *sh'va* (ְ ְ) vowels in each word and place a word-part in each column.

Read each word-part and then read the whole word.

With All Your Heart

Draw a heart around the numbers next to the words to the right that we read in וְאָהַבְתָּ.

(Hint: See page 34 and the top of page 41 in your textbook.)

SOUNDED SH'VA	SILENT SH'VA		
שְׁךָ	נַפְ	נַפְשְׁךָ	.1
______	______	בְּשִׁבְתְּךָ	.2
______	______	וּבְלֶכְתְּךָ	.3
______	______	וּבְשָׁכְבְּךָ	.4
______	______	תִּזְכְּרוּ	.5

ךָ ENDING

The word ending ךָ means *you* and *your*. Add ךָ to complete these words from וְאָהַבְתָּ.

1. אֱלֹהֶי___ לְבָבְ___ נַפְשְׁ___ מְאֹדֶ___ מְצַוְּ___
2. לְבָבֶ___ לְבָנֶי___ בְּשִׁבְתְּ___ בְּבֵיתֶ___ וּבְלֶכְתְּ___
3. וּבְשָׁכְבְּ___ וּבְקוּמֶ___ יָדֶ___ עֵינֶי___ בֵּיתֶ___ וּבִשְׁעָרֶי___

Reading Rounds

Read the words above with a reading partner.

One partner should read the beginning of each word.

The other should respond with the ךָ ending for the word.

Then switch reading roles.

LOOK-ALIKE LETTERS

The letters צ and ע look similar.

Circle the words in the lines below found in וְאָהַבְתָּ.

(Hint: See page 34 in your textbook.)

Read the circled words aloud. Then read the remaining words aloud.

1. לְעוֹלָם וְצִוָּנוּ יִצְחָק עֹנֶג וַעֲשִׂיתֶם
2. צְדָקָה עֵינֶיךָ לְמַעַן צִיּוֹן וּבִשְׁעָרֶיךָ
3. מְצַוְּךָ יַעֲקֹב מִצְוֹתָי הוֹצֵאתִי הָעֵץ

Tongue Twisters

Can you read these ע צ combinations without twisting your tongue?

1. עַצִּי צוֹצָ עֵצֶ צוּעוּ עֶעֱ
2. צַעִּי עֱצֵ צוּצוּ עַצַּי צַעֲ

RECOGNIZING THE ROOT אהב

The word וְאָהַבְתָּ, "you shall love," is built on the root אהב, meaning "love."

Read the first sentence in וְאָהַבְתָּ. Circle the root אהב in the sentence.

וְאָהַבְתָּ אֵת יְיָ אֱלֹהֶיךָ

You shall love Adonai, your God

Below are other words that talk about our love for God and God's love for us. Add the root letters אהב to each vowel to complete the words.

Practice reading the words.

1. _ַ_ֲ_ָה
2. וְ_ַ_ֲ_ָתְךָ
3. בְּ_ַ_ֲ_ָה
4. _ַ_ֲ_ַת
5. הָ_ֹ_ֲ_ִים
6. _ֲ_ַ_ְתָּנוּ

FROM THE MORNING SERVICE

אַהֲבָה רַבָּה

The first blessing we recite before the שְׁמַע and וְאָהַבְתָּ in the morning service is יוֹצֵר אוֹר. The second blessing we recite before the שְׁמַע and וְאָהַבְתָּ in the morning service is אַהֲבָה רַבָּה, which means "*Great Love*." The prayer speaks of God's great love for the people of Israel, symbolized by God's giving of the Torah to the Jewish people. Then, when we recite וְאָהַבְתָּ, we speak of the ways we will show God our love in return.

Read this selection from אַהֲבָה רַבָּה.

1. אַהֲבָה רַבָּה אֲהַבְתָּנוּ, יְיָ אֱלֹהֵינוּ, חֶמְלָה גְדוֹלָה וִיתֵרָה
2. חָמַלְתָּ עָלֵינוּ. אָבִינוּ מַלְכֵּנוּ, בַּעֲבוּר אֲבוֹתֵינוּ שֶׁבָּטְחוּ בְךָ
3. וַתְּלַמְּדֵם חֻקֵּי חַיִּים, כֵּן תְּחָנֵּנוּ וּתְלַמְּדֵנוּ.
4. אָבִינוּ, הָאָב הָרַחֲמָן, הַמְרַחֵם, רַחֵם עָלֵינוּ וְתֵן בְּלִבֵּנוּ
5. לְהָבִין וּלְהַשְׂכִּיל, לִשְׁמֹעַ לִלְמֹד וּלְלַמֵּד, לִשְׁמֹר וְלַעֲשׂוֹת
6. וּלְקַיֵּם אֶת־כָּל־דִּבְרֵי תַלְמוּד תּוֹרָתֶךָ בְּאַהֲבָה.

מִי כָּמֹכָה

A Song of Praise

When God freed the Jews from slavery in Egypt, they sang a song of praise to God. Below are words from the first two lines of that song. Place the Hebrew words in the correct order. Use the English below each word as your guide.

(Hint: See page 42 in your textbook.)

יְיָ   מִי   בַּקֹּדֶשׁ   כָּמֹכָה

נֶאְדָּר   בָּאֵלִם   כָּמֹכָה

______	______	______	______
Adonai	among the gods	like You	who
______	______	______	______
in holiness	majestic	like You	who

MMMM!

Cross out the letters that do not have the sound "m."

מ ס ם ס מ ט מ ט ס מ ם ט ס

ם מ ט ס מ מ ט מ ט ם מ ס מ

READING SKILLS

Practice reading each word.

Circle the two words that appear in מִי כָּמֹכָה.

1. וּמֵטִיב מַלְכֵּנוּ מְטוּבֶךָ כָּמֹכָה וּמְפָרְנֵס
2. יַם סוּף הַחוֹסִים בָּאֵלִם מְקַלְּסִים יָדַיִם

Practice reading each phrase.

3. גּוֹמֵל חֲסָדִים טוֹבִים
4. הַטּוֹב וְהַמֵּטִיב
5. בְּחֵן בְּחֶסֶד וּבְרַחֲמִים
6. סוֹמֵךְ נוֹפְלִים
7. מִי כָּמֹכָה בָּאֵלִם
8. שַׂבְּעֵנוּ מִטּוּבֶךָ

Write the phrase meaning "Who is like You among the gods (other people worship)?"

____

READING RULE

Double Dots

Sometimes שׁ and שׂ with the vowel ֹ look like this: שֹׁ.

The symbol שֹׁ has the sound "sho" at the beginning of a word. The dot on the *left* is the vowel "oh." Practice reading these words: שֹׁמֵעַ שֹׁכֵן.

The symbol שֹׂ has the sound "os" in the middle of a word. The dot on the *right* is the vowel "oh." Practice reading these words: נֹשֵׂא עֹשֶׂה.

Double Take

Add double dots to each ש to make the words say "sho." Read each completed word aloud.

1. שמֵעַ שכֵן שרֶש שגֵג
2. שטֶה שרֵד שפְטֵי שבֵר

Add double dots to each ש to make the words say "os." Read each completed word aloud.

3. עשֶה נשֵא עשִי נשְאִים

SIDDUR PHRASES

Read each word with שֹׁ.

Then read each complete phrase.

1. קוֹל יְיָ שֹׁבֵר אֲרָזִים
2. נוֹרָא תְהִלֹּת עֹשֵׂה פֶלֶא
3. מִצִּיּוֹן שֹׁכֵן יְרוּשָׁלָיִם הַלְלוּיָהּ
4. וְהָיוּ לִמְשִׁסָּה שֹׁאסָיִךְ
5. עֹשֶׂה שָׁלוֹם בִּמְרוֹמָיו
6. בֹּא יָבֹא בְרִנָּה נֹשֵׂא אֲלֻמֹּתָיו

Which phrase do we read in מִי כָמֹכָה? #________

RECOGNIZING THE ROOT קדשׁ

The root קדשׁ means "holy." Words built on the root קדשׁ appear many times in the סִדּוּר.

Read each phrase from the סִדּוּר. Write the word(s) built on the root קדשׁ on the line next to each phrase.

1. אֲשֶׁר קִדְּשָׁנוּ ______________________

2. נֶאְדָּר בַּקֹּדֶשׁ ______________________

3. וּקְדוֹשִׁים בְּכָל יוֹם יְהַלְלוּךָ ______________________

4. קְדֻשָּׁתְךָ נַקְדִּישׁ ______________________

5. מִקְדַּשׁ מֶלֶךְ עִיר מְלוּכָה ______________________

Which phrase appears in מִי כָמֹכָה? #________

COME TO ORDER

Write the names of the following prayers in the order they appear in the evening and the morning service.

(Hint: Look at the Table of Contents on page 3 of your textbook.)

מִי כָמֹכָה   וְאָהַבְתָּ   יוֹצֵר אוֹר

מַעֲרִיב עֲרָבִים   בָּרְכוּ   שְׁמַע

Evening Service

1. ______________________
2. ______________________
3. ______________________
4. ______________________
5. ______________________

Morning Service

1. ______________________
2. ______________________
3. ______________________
4. ______________________
5. ______________________

JUST FOR FUN

Below are important prayer words you have learned in lessons 1 through 5.

Play this Bingo game to review the meaning of the words. Write the number of each English word in the correct space on the card. The first example has been done for you.

1. praised, blessed
2. living, lives
3. Israel
4. mezuzot
5. peace
6. you shall love
7. hear
8. makes
9. forever and ever
10. like You
11. light
12. in holiness
13. darkness
14. our God
15. one
16. your heart

לְבָבְךָ	יִשְׂרָאֵל	שָׁלוֹם	15 אֶחָד
אֱלֹהֵינוּ	כָמֹכָה	חֹשֶךְ	שְׁמַע
בַּקֹּדֶשׁ	עֹשֶׂה	וְאָהַבְתָּ	אוֹר
מְזֻזוֹת	בָּרוּךְ	חַי	לְעוֹלָם וָעֶד

בִּרְכַּת גְּאוּלָה

The word "redemption"—גְּאוּלָה—means "freed from captivity." בִּרְכַּת גְּאוּלָה is recited following the שְׁמַע and וְאָהַבְתָּ. In this prayer we recall the time when God rescued the Israelites from slavery in Egypt. We praise God for our freedom. A section of this blessing includes the verses of מִי כָמֹכָה. Practice this selection of בִּרְכַּת גְּאוּלָה from the evening service.

1. מִי־כָמֹכָה בָּאֵלִם, יְיָ?

2. מִי כָּמֹכָה, נֶאְדָּר בַּקֹּדֶשׁ, נוֹרָא תְהִלֹּת, עֹשֵׂה פֶלֶא?

3. מַלְכוּתְךָ רָאוּ בָנֶיךָ, בּוֹקֵעַ יָם לִפְנֵי מֹשֶׁה; זֶה אֵלִי, עָנוּ וְאָמְרוּ.

4. יְיָ יִמְלֹךְ לְעֹלָם וָעֶד.

5. וְנֶאֱמַר כִּי־פָדָה יְיָ אֶת־יַעֲקֹב וּגְאָלוֹ מִיַּד חָזָק מִמֶּנּוּ.

6. בָּרוּךְ אַתָּה, יְיָ, גָּאַל יִשְׂרָאֵל.

בְּרָכוֹת

Thank You!

When we recite a בְּרָכָה, a *blessing*, we praise God for things God has created. This is one way we say "thank You; we appreciate what You have done for us." When we recite a blessing, we use a *blessing formula*—the same six words to begin each blessing. Write the words of the blessing formula in the correct order. Use the English below each line as your guide.

אַתָּה מֶלֶךְ יְיָ בָּרוּךְ אֱלֹהֵינוּ הָעוֹלָם

______	______	______
Adonai	(are) You	praised
______	______	______
(of) the world	Ruler	our God

COUNT YOUR BLESSINGS

Think about the important things and people in your life.

Write your own blessing in English for things and people in your life for which you are grateful (example: parents, friendships . . .).

____

____

____

____

RECOGNIZING THE ROOT מלכ

The root of the word מֶלֶךְ is מלכ ("rule").

Words built on the root מלכ often refer to God and to God's kingdom.

Sometimes the last letter in the root מלכ changes to the family letter כ or ךְ.

Below are nine words built on the root מלכ.

Circle the three root letters in each word.

מָלַךְ הַמְּלָכִים מַלְכוּתוֹ מַלְכָּה תִּמְלוֹךְ

מַלְכֵּנוּ יִמְלֹךְ לְמַלְכֵּנוּ מַלְכֵי

PICK A FRUIT

The Hebrew word פְּרִי, "(the) fruit (of)," is part of three well-known בְּרָכוֹת.
Add the Hebrew word meaning "(the) fruit (of)" to complete each בְּרָכָה.
Read each completed בְּרָכָה aloud.

בָּרוּךְ אַתָּה, יְיָ אֱלֹהֵינוּ, מֶלֶךְ הָעוֹלָם

Praised are You, Adonai our God, Ruler of the world

בּוֹרֵא _______ הָעֵץ

who creates *the fruit of* the tree

בּוֹרֵא _______ הַגָּפֶן

who creates *the fruit of* the vine

בּוֹרֵא _______ הָאֲדָמָה

who creates *the fruit of* the earth

MAKE BELIEVE

The Hebrew word-parts below can make you believe you are reading English words. Do you recognize each sound-alike word?

1. פֶּט פְּנִי פִּיל פַּת פֵּיא
2. פֶּן פִּית פֵּק פֶּל פֵּים
3. רוּף לִיף סֵף לוּף בֵּף

LETTERS INTO WORDS

The letter פּ is a member of the letter family פּ פ ף.

Read each word aloud. Circle the word meaning "(the) fruit (of)."

1. הַגָּפֶן פּוֹתֵחַ נוֹפְלִים פַּרְנָסָה אַפַּיִם
2. שׁוֹפָר כְּפוּפִים פְּרִי פְּעָמִים תְּפִלָּה
3. אָלֶף קְלַף מוּסָף זוֹקֵף כָּנָף

BLESSINGS OF MITZVAH

בְּרָכוֹת שֶׁל מִצְוָה, *blessings of mitzvah,* praise God for actions we are commanded to perform. Every בְּרָכָה שֶׁל מִצְוָה begins with the same ten words. Write the ten words in the correct order on the lines below. Use the English below each line as your guide.

אַתָּה בְּמִצְוֹתָיו אֱלֹהֵינוּ קִדְּשָׁנוּ בָּרוּךְ

מֶלֶךְ אֲשֶׁר יְיָ וְצִוָּנוּ הָעוֹלָם

______ ______ ______ ______ ______ ______

(of) the world — Ruler — our God — Adonai — (are) You — praised

______ ______ ______ ______

and commands us — with God's commandments — makes us holy — who

READING RULE

Recognizing "Vo"

Sometimes the letter Vav looks like this: וֹ. It looks like the vowel וֹ (טוֹ בּוֹ קוֹ).
However, וֹ has the sound "vo" if it follows a letter that already has a vowel. (צְוֹ עָוֹ)

Word Building

Read each word aloud.

1.	עָוֹן	3.	עֲוֹנָה	5.	מִצְוֹת	7.	בְּמִצְוֹת
2.	עֲוֹנִי	4.	עֲוֹנֹתַי	6.	מִצְוֹתָי	8.	בְּמִצְוֹתָיו

SIDDUR PHRASES

Read each phrase below. Circle the number next to the phrase that is part of every בְּרָכָה שֶׁל מִצְוָה .

1. קַדְּשֵׁנוּ בְּמִצְוֹתֶיךָ
2. וַעֲשִׂיתֶם אֶת כָּל מִצְוֹתָי
3. וּבְמִצְוֹתֶיךָ תִּרְדּוֹף נַפְשִׁי
4. בְּמִצְוֹתָיו וְצִוָּנוּ

VOWEL KNOW-HOW

The vowel sounds ָ and ַ followed by a י at the end of a word have the sound "eye." (אֲבוֹתַי אֲדֹנָי)

Sometimes the letter ו follows יָ at the end of a word. The ending ָיו has the sound "ahv."

Read each word-part. Then read the whole word.

1.	דָיו	יָדָיו	4.	רָיו	דְּבָרָיו
2.	נָיו	עֵינָיו	5.	שָׁיו	עַכְשָׁיו
3.	תָיו	בְּמִצְוֹתָיו	6.	לָיו	עָלָיו

Write the correct word from the list above to complete this phrase from בְּרָכוֹת שֶׁל מִצְוָה.

אֲשֶׁר קִדְּשָׁנוּ ____________________ וְצִוָּנוּ

SIDDUR PHRASES

In each phrase read the word that ends with the sound "ahv." Then read the complete phrase.

1. וְחָסִיד בְּכָל מַעֲשָׂיו
2. בֹּנֵה בְּרַחֲמָיו יְרוּשָׁלַיִם אָמֵן
3. יָאֵר יְיָ פָּנָיו אֵלֶיךָ
4. אֲשֶׁר קִדְּשָׁנוּ בְּמִצְוֹתָיו וְצִוָּנוּ
5. הָאֵל הַנֶּאֱמָן בְּכָל דְּבָרָיו
6. עוֹשֶׂה שָׁלוֹם בִּמְרוֹמָיו

Write the number of the phrase that means "who makes us holy with God's commandments and commands us"? __________

RECOGNIZING THE ROOT צוה

From the תּוֹרָה

This is the way letters look in a סֵפֶר תּוֹרָה.

אבגדהוזחטיכךלמםנןסעפףצץקרשת

Many words in the תּוֹרָה are built on the root צוה ("command").

Sometimes a word does not include all the root letters. Some of the words below are missing the root letter ה.

Read each word aloud.

מִצְוָה צִוְּךָ צִוָּה מְצַוְּךָ צִוָּנוּ מִצְוֹת

The following are the same words as they appear in the סֵפֶר תּוֹרָה.

Write each word from the above list on the line next to the matching word from the סֵפֶר תּוֹרָה.

1. צוה ______________
2. מצות ______________
3. צונו ______________
4. מצוך ______________
5. צוך ______________
6. מצוה ______________

THE TEN COMMANDMENTS

God's מִצְוֹת—"commandments"—help us to lead good and honest lives. They teach us how to help other people and to take care of our world. Some of the best-known מִצְוֹת are the Ten Commandments. Can you read these מִצְוֹת in Hebrew?

1. אָנֹכִי יְיָ אֱלֹהֶיךָ
   I am Adonai your God.

2. לֹא יִהְיֶה לְךָ אֱלֹהִים אֲחֵרִים עַל פָּנָי
   Do not worship any other gods.

3. לֹא תִשָּׂא אֶת שֵׁם יְיָ אֱלֹהֶיךָ לַשָּׁוְא
   Do not take the name of Adonai your God in vain.

4. זָכוֹר אֶת יוֹם הַשַּׁבָּת לְקַדְּשׁוֹ
   Remember the Sabbath day to keep it holy.

5. כַּבֵּד אֶת אָבִיךָ וְאֶת אִמֶּךָ
   Honor your father and your mother.

6. לֹא תִּרְצָח
   You shall not murder.

7. לֹא תִּנְאָף
   You shall not take another person's wife or husband.

8. לֹא תִּגְנֹב
   You shall not steal.

9. לֹא תַעֲנֶה בְרֵעֲךָ עֵד שָׁקֶר
   You shall not bear false witness against your neighbor.

10. לֹא תַחְמֹד בֵּית רֵעֶךָ
    You shall not covet your neighbor's house.

LESSON 7

בְּרָכוֹת שֶׁל שַׁבָּת

Welcoming Shabbat

On Friday evening we welcome Shabbat. We recite בְּרָכוֹת over candles, wine, and bread.

Write the correct *concluding words* for each of the בְּרָכוֹת. Use the English below each line as your guide. When you have completed the activity, recite each complete בְּרָכָה.

בּוֹרֵא מִן לְהַדְלִיק הַמּוֹצִיא שַׁבָּת

לֶחֶם הַגָּפֶן נֵר הָאָרֶץ פְּרִי שֶׁל

Candles

______	______	______	______
Shabbat	of	a light	to light

Wine

______	______	______
the vine	(the) fruit (of)	who creates

Bread

______	______	______	______
the earth	from	bread	who brings forth

SAYING GOODBYE TO SHABBAT

- What is the name of the ceremony at the end of שַׁבָּת?

  (Hint: See page 75 in your textbook.)

  ____

  What is the English meaning of the word?

  ____

- During this ceremony we say blessings over wine, sweet spices, and a special braided candle. Unscramble the blessing endings. Then write the English meaning for each ending.

English	Hebrew
______________	פְּרִי בּוֹרֵא הַגָּפֶן
	______________
______________	בּוֹרֵא בְשָׂמִים מִינֵי
	______________
______________	הָאֵשׁ מְאוֹרֵי בּוֹרֵא
	______________

Add the correct final letter to the end of each word: ך ף ץ ן ם.

Write the English meaning below the completed word.

מֶלֶ___	אָמֵ___	הָאָרֶ___	בָּרוּ___
______________	______________	______________	______________
מִ___	הַגָּפֶ___	לֶחֶ___	הָעוֹלָ___
______________	______________	______________	______________

SIDDUR PHRASES

Read each set of phrases below.

In the box above each set write the final letter that appears in the phrases.

1. הַמּוֹצִיא לֶחֶם
2. מִינֵי בְשָׂמִים
3. בֵּין יוֹשְׁבִין וּבֵין מְסֻבִּין
4. בּוֹרֵא פְּרִי הַגָּפֶן
5. חָמֵץ וּמַצָּה
6. הוֹדוֹ עַל אֶרֶץ
7. לֹא יַחֲלִיף הָאֵל
8. עַל צִיצִת הַכָּנָף פְּתִיל תְּכֵלֶת
9. בָּרוּךְ אַתָּה
10. אֱלֹהֵינוּ מֶלֶךְ
11. לְדוֹר וָדוֹר נַגִּיד גָּדְלֶךָ
12. מַלְכוּתְךָ מַלְכוּת

READING RULE

Final ך

Sometimes Final ך has a דָּגֵשׁ, a dot in the letter: ךּ. Then it has the sound "k."
The letter-vowel combination ךָּ has the sound "kah."

Word Building

Read the word-parts. Then read the whole word.

1.	אוֹ	דֶךָּ		אוֹדֶךָּ
2.	וִיחֻ	נֶּךָּ		וִיחֻנֶּךָּ
3.	אַשְׂ	בִּי	עֶךָּ	אַשְׂבִּיעֶךָּ
4.	תְּ	מַגְּ	נֶךָּ	תְּמַגְּנֶךָּ
5.	אֲ	בָרְ	כֶךָּ	אֲבָרְכֶךָּ
6.	וָאֲ	חַלְּ	צֶךָּ	וָאֲחַלְּצֶךָּ

SIDDUR PHRASES

Circle the number next to the siddur phrases with a word ending ךָּ.

Read the word. Then read the complete phrase.

Then practice reading all the phrases.

1. אֲשֶׁר אָנֹכִי מְצַוְּךָ
2. בְּכָל יוֹם אֲבָרְכֶךָּ
3. בְּאֵלִיָּהוּ הַנָּבִיא עַבְדֶּךָ
4. יָאֵר יְיָ פָּנָיו אֵלֶיךָ וִיחֻנֶּךָּ
5. מוֹדֶה אֲנִי לְפָנֶיךָ
6. עֲטֶרֶת תִּפְאֶרֶת תְּמַגְּנֶךָּ

Which phrase has words ending with ךָ and ךָּ? #________

ACCURATE ACCENTS

When we pronounce Hebrew words, we usually accent the last letter-vowel combination.

חַסְ **דֵי** חַסְדֵי   מִצְ **וֹת** מִצְוֹת

When the endings ֶךָ , ֶיךָ , ֵנוּ , and ֵינוּ appear, the accent is on the letter-vowel combination that comes *before* נוּ or ךָ.

מוֹשִׁי **עֵנוּ** מוֹשִׁיעֵנוּ   עַ **מְּךָ** עַמְּךָ

Read the following words. Remember to accent the correct letter-vowel combination!

1. בָּרְכֵנוּ מַלְכֵּנוּ זִכְרוֹנֵנוּ שַׁבְּעֵנוּ
2. אֱלֹהֵינוּ אֲבוֹתֵינוּ עָלֵינוּ אֲדוֹנֵינוּ
3. עַמְּךָ מְאֹדֶךָ בֵּיתֶךָ תּוֹרָתֶךָ
4. מַעֲשֶׂיךָ עֵינֶיךָ פָּנֶיךָ אֵלֶיךָ

אֵין כֵּאלֹהֵינוּ

Practice reading אֵין כֵּאלֹהֵינוּ, which congregations traditionally sing at the end of the Shabbat Morning Service.

1. אֵין כֵּאלֹהֵינוּ   אֵין כַּאדוֹנֵינוּ

2. אֵין כְּמַלְכֵּנוּ   אֵין כְּמוֹשִׁיעֵנוּ

3. מִי כֵאלֹהֵינוּ   מִי כַאדוֹנֵינוּ

4. מִי כְמַלְכֵּנוּ   מִי כְמוֹשִׁיעֵנוּ

5. נוֹדֶה לֵאלֹהֵינוּ   נוֹדֶה לַאדוֹנֵינוּ

6. נוֹדֶה לְמַלְכֵּנוּ   נוֹדֶה לְמוֹשִׁיעֵנוּ

7. בָּרוּךְ אֱלֹהֵינוּ   בָּרוּךְ אֲדוֹנֵינוּ

8. בָּרוּךְ מַלְכֵּנוּ   בָּרוּךְ מוֹשִׁיעֵנוּ

9. אַתָּה הוּא אֱלֹהֵינוּ   אַתָּה הוּא אֲדוֹנֵינוּ

10. אַתָּה הוּא מַלְכֵּנוּ   אַתָּה הוּא מוֹשִׁיעֵנוּ

11. אַתָּה הוּא שֶׁהִקְטִירוּ אֲבוֹתֵינוּ לְפָנֶיךָ אֶת קְטֹרֶת הַסַּמִּים.

JUST FOR FUN

Below are fifteen Hebrew words (including one root) that appear in בְּרָכוֹת. Find the English meaning of each one in the puzzle and lightly circle each English word or phrase. The English words appear from left to right or from top to bottom.

(Hint: Sometimes letters found in one word are part of another word.)

1. מִן
2. מֶלֶךְ
3. הָאָרֶץ
4. בָּרוּךְ
5. אֲשֶׁר
6. שֶׁל
7. פְּרִי
8. צוה
9. שַׁבָּת
10. לֶחֶם
11. אַתָּה
12. נֵר
13. עוֹלָם
14. לְהַדְלִיק
15. הַגָּפֶן

A	P	G	T	H	E	E	A	R	T	H	T	C
C	R	E	H	K	P	N	O	K	Z	Y	O	U
E	W	I	E	M	R	D	C	A	N	D	L	E
O	O	R	V	Q	A	J	O	Z	S	H	I	N
F	R	U	I	T	I	P	M	O	T	J	G	P
B	L	L	N	U	S	T	M	K	C	R	H	W
X	D	E	E	L	E	S	A	B	B	A	T	H
L	B	R	E	A	D	W	N	A	D	S	V	O
Y	F	R	O	M	B	R	D	E	G	U	L	N

From the Torah

וְשָׁמְרוּ

The prayer וְשָׁמְרוּ comes from the Torah. It is found in the Book of Exodus 31:16–17. The prayer commands us—the Children of Israel (בְּנֵי יִשְׂרָאֵל)—to observe שַׁבָּת, which is a sign of the covenant (בְּרִית) between God and the people of Israel. The prayer is recited during the Friday Night Service and the Shabbat Morning Service.

Vocabulary Knowledge

Read the prayer below and look for the Hebrew words that match the English in the exercise. Write each Hebrew word on the line next to the English.

Shabbat ____________________

rested *(Hint: It is related to* שַׁבָּת*.)* ____________________

Children of Israel ____________________

the earth ____________________

covenant ____________________

וְשָׁמְרוּ בְנֵי־יִשְׂרָאֵל אֶת־הַשַּׁבָּת לַעֲשׂוֹת אֶת־הַשַּׁבָּת
לְדֹרֹתָם בְּרִית עוֹלָם:
בֵּינִי וּבֵין בְּנֵי יִשְׂרָאֵל אוֹת הִיא לְעֹלָם כִּי־שֵׁשֶׁת
יָמִים עָשָׂה יְיָ אֶת־הַשָּׁמַיִם וְאֶת־הָאָרֶץ וּבַיּוֹם
הַשְּׁבִיעִי שָׁבַת וַיִּנָּפַשׁ:

And the Children of Israel shall keep Shabbat, observing Shabbat throughout their generations. It is an everlasting covenant, a sign between Me and the Children of Israel forever. For in six days God made Heaven and Earth, and on the seventh day God rested and was refreshed.

בְּרָכוֹת שֶׁל יוֹם טוֹב

A Special Blessing

We recite special blessings throughout the year as we celebrate our Jewish holidays. Each blessing is a way of saying "thank you" to God. In the שֶׁהֶחֱיָנוּ—a blessing that we say on each holiday—we thank God for enabling us to celebrate the holiday once again.

Write the concluding words of the שֶׁהֶחֱיָנוּ blessing in the correct order on the line below. *(Hint: See page 81 in your text.)*

הַזֶּה   וְקִיְּמָנוּ   שֶׁהֶחֱיָנוּ   לַזְּמַן   וְהִגִּיעָנוּ

בָּרוּךְ אַתָּה, יְיָ אֱלֹהֵינוּ, מֶלֶךְ הָעוֹלָם

____

Now complete the English meaning of the blessing.

Praised are You, Adonai our God, Ruler of the world

____

HOLIDAY KNOW-HOW

Read the blessing endings. Then write the name of the matching holiday on each line.

פֶּסַח   סֻכּוֹת   חֲנֻכָּה   רֹאשׁ הַשָּׁנָה

1. עַל אֲכִילַת מַצָּה ____________________
2. לִשְׁמֹעַ קוֹל שׁוֹפָר ____________________
3. לְהַדְלִיק נֵר שֶׁל חֲנֻכָּה ____________________
4. עַל נְטִילַת לוּלָב ____________________
5. עַל אֲכִילַת מָרוֹר ____________________
6. שֶׁעָשָׂה נִסִּים לַאֲבוֹתֵינוּ בַּיָּמִים הָהֵם בַּזְּמַן הַזֶּה ____________________

LOOK-ALIKES

The letters ה, ח, ת look alike, but they make three very different sounds.

Next to each letter write its name and its sound.

Sound	Name	
________	________	ה
________	________	ח
________	________	ת

Letters Into Words

Can you read each line without a mistake?

1. הַיָּם אַהֲבַת הָהֵם לִהְיוֹת אֲנַחְנוּ
2. רוּחִי מְשִׁיחֶךָ חֵרוּתֵנוּ חַיִּים שֶׁהֶחֱיָנוּ
3. בִּמְהֵרָה בְּמִצְוֹתָיו הָאֲדָמָה שִׂמְחָתֵנוּ הַמַּחֲזִיר

Words Into Phrases

Read each phrase below.

1. כִּי הוּא יוֹם תְּחִלָּה
2. הַמּוֹצִיא לֶחֶם מִן הָאָרֶץ
3. הָאֵל הַגָּדוֹל הַגִּבּוֹר וְהַנּוֹרָא
4. וְתֵן חֶלְקֵנוּ בְּתוֹרָתֶךָ
5. הִשְׁמִיעָנוּ אֶל הַמְיֻחָד
6. כִּי בָנוּ בָחַרְתָּ וְאוֹתָנוּ קִדַּשְׁתָּ

Write the phrase that is part of the blessing over bread.

____

READING RULE

Ending With "Ach"

The vowel sound ַ is read *before* the ח when חַ comes at the end of a word ("ach").

רוּחַ לוּחַ שָׂמֵחַ

Add the ending חַ to complete each word.

Read the completed words.

מֹ____ רוּ____ רֵי____ שׁוֹלֵ____ שַׂמֵ____

אוֹרֵ____ לְהָנִי____ מְשַׂמֵ____ לְשַׁבֵּ____ וּמַצְמִי____

Rhythm Reading

Read each line aloud. Be careful at the end!

1. כֹּחַ נָשִׁיחַ מָשִׁיחַ הָרֵיחַ
2. סוֹלֵחַ בּוֹטֵחַ שׁוֹלֵחַ פּוֹתֵחַ
3. מְשַׂמֵּחַ לְשַׁבֵּחַ הַמִּזְבֵּחַ לְהָנִיחַ

Review: When is the only time we read the vowel *first* upon seeing the letter-vowel combination חַ in a word?

Answer: ____

חֲנֻכָּה SONG

1. מָעוֹז צוּר יְשׁוּעָתִי
2. לְךָ נָאֶה לְשַׁבֵּחַ
3. תִּכּוֹן בֵּית תְּפִלָּתִי
4. וְשָׁם תּוֹדָה נְזַבֵּחַ
5. לְעֵת תָּכִין מַטְבֵּחַ
6. מִצָּר הַמְנַבֵּחַ
7. אָז אֶגְמוֹר בְּשִׁיר מִזְמוֹר
8. חֲנֻכַּת הַמִּזְבֵּחַ

JUST FOR FUN

The phrases below are scrambled endings for holiday בְּרָכוֹת. Unscramble the phrases and you will recognize the בְּרָכוֹת.

- Number the words in the correct order to unscramble them.
- On the line below each phrase write the action you would do after reciting the blessing.

The first example has been done for you.

1. פְּרִי הָעֵץ בּוֹרֵא

   1 3 2

   eat fruit

   ____

2. חֲנֻכָּה נֵר שֶׁל לְהַדְלִיק

   ____

3. הָאֲדָמָה בּוֹרֵא פְּרִי

   ____

4. בַּסֻּכָּה לֵישֵׁב וְצִוָּנוּ

   ____

5. פְּרִי הַגָּפֶן בּוֹרֵא

   ____

6. קוֹל לִשְׁמֹעַ שׁוֹפָר

   ____

מַה נִּשְׁתַּנָּה

Practice reading and chanting the Four Questions for the Passover seder.

Can you answer each question?

מַה נִּשְׁתַּנָּה הַלַּיְלָה הַזֶּה מִכָּל הַלֵּילוֹת?

1. שֶׁבְּכָל־הַלֵּילוֹת אָנוּ אוֹכְלִין חָמֵץ וּמַצָּה, הַלַּיְלָה הַזֶּה כֻּלּוֹ מַצָּה:

2. שֶׁבְּכָל־הַלֵּילוֹת אָנוּ אוֹכְלִין שְׁאָר יְרָקוֹת, הַלַּיְלָה הַזֶּה מָרוֹר:

3. שֶׁבְּכָל־הַלֵּילוֹת אֵין אָנוּ מַטְבִּילִין אֲפִילוּ פַּעַם אֶחָת, הַלַּיְלָה הַזֶּה שְׁתֵּי פְעָמִים:

4. שֶׁבְּכָל־הַלֵּילוֹת אָנוּ אוֹכְלִין בֵּין יוֹשְׁבִין וּבֵין מְסֻבִּין, הַלַּיְלָה הַזֶּה כֻּלָּנוּ מְסֻבִּין:

1. Why do we eat only unleavened bread—מַצָּה?

_____

2. Why do we eat bitter herbs—מָרוֹר?

_____

3. Why do we dip twice—greens into salt water and bitter herbs into ḥaroset?

_____

_____

4. Why do we recline at the seder table?

_____

דַּיֵּנוּ

The song דַּיֵּנוּ lists the wonderful deeds God performed when freeing the Jews from slavery in Egypt. Following each verse of the song we say דַּיֵּנוּ, "It would have been enough" or "We are grateful!"

Practice reading this selection from דַּיֵּנוּ.

1. אִלוּ הוֹצִיאָנוּ מִמִּצְרַיִם, וְלֹא קָרַע לָנוּ אֶת־הַיָּם, דַּיֵּנוּ:

2. אִלוּ קָרַע לָנוּ אֶת־הַיָּם, וְלֹא הֶעֱבִירָנוּ בְתוֹכוֹ בֶּחָרָבָה, דַּיֵּנוּ:

3. אִלוּ הֶעֱבִירָנוּ בְתוֹכוֹ בֶּחָרָבָה,
וְלֹא סִפֵּק צָרְכֵּנוּ בַּמִּדְבָּר אַרְבָּעִים שָׁנָה, דַּיֵּנוּ:

4. אִלוּ סִפֵּק צָרְכֵּנוּ בַּמִּדְבָּר אַרְבָּעִים שָׁנָה,
וְלֹא הֶאֱכִילָנוּ אֶת־הַמָּן, דַּיֵּנוּ:

5. אִלוּ הֶאֱכִילָנוּ אֶת־הַמָּן, וְלֹא נָתַן לָנוּ אֶת־הַשַּׁבָּת, דַּיֵּנוּ:

6. אִלוּ נָתַן לָנוּ אֶת־הַשַּׁבָּת, וְלֹא קֵרְבָנוּ לִפְנֵי הַר סִינַי, דַּיֵּנוּ:

7. אִלוּ קֵרְבָנוּ לִפְנֵי הַר סִינַי, וְלֹא נָתַן לָנוּ אֶת־הַתּוֹרָה, דַּיֵּנוּ:

8. אִלוּ נָתַן לָנוּ אֶת־הַתּוֹרָה, וְלֹא הִכְנִיסָנוּ לְאֶרֶץ יִשְׂרָאֵל, דַּיֵּנוּ:

קִדּוּשׁ

Making Shabbat Holy

The קִדּוּשׁ highlights two themes:

1. Shabbat reminds us of Creation and of the Exodus from Egypt.
2. Shabbat is our sacred inheritance, given to us when God chose us from among all the nations, gave us the Torah, and made us a holy people.

On Friday evening we recite the קִדּוּשׁ, a blessing sanctifying Shabbat. Sanctify means "make holy." Because Shabbat is a joyful event, and because wine is a symbol of joy in Jewish tradition, we sanctify Shabbat by reciting the קִדּוּשׁ over wine.

Below are vocabulary words and phrases from the קִדּוּשׁ. Write each English word or phrase next to the correct Hebrew word or phrase. Note: There are four English words but there are five Hebrew words. If you know your Hebrew vocabulary, you will know why!

sanctification   memory   going out from Egypt   work of creation

______________ (לִ)יצִיאַת מִצְרָיִם

______________ זֵכֶר

______________ (לְ)מַעֲשֵׂה בְרֵאשִׁית

______________ קִדּוּשׁ

______________ זִכָּרוֹן

A SPECIAL VOWEL SOUND

The root קדשׁ is very important in the קִדּוּשׁ.

Unscramble the English meanings of the root קדשׁ and write them on the lines below.

____________________ (olyh)   ____________________ (itysanfc)

Some words built on the root קדשׁ begin with the letter-vowel combination קָדְ.

The vowel ָ has the sound "oh" in the word-part קָדְ. Practice reading these word-parts.

קָדְ שׁוֹ   קָדְ שֵׁךְ   קָדְ שְׁךָ

Unlock the Combination

Circle the words with the vowel sound "oh."

Then read the words.

(Remember to say "oh" when you read כָּל and כָל.)

בְּכָל   קְדוּשָׁה   קִדְּשָׁנוּ   קָדְשְׁךָ   וּבְכָל   קוֹל

מְקַדֵּשׁ   כָל   קִדַּשְׁתָּ   כָּל   קֹדֶשׁ   קָדְשׁוֹ

SOUND-ALIKE LETTERS

The Hebrew alphabet has letters that sound alike.

- Write the common sound for each set of sound-alike letters below.

כּ ק	ב ו	ת תּ ט	כ ח	ס שׂ
______	______	______	______	______

- Now write the common sound for these sets of letters.

נ ן	צ ץ	מ ם	כ ך	פ ף
______	______	______	______	______

What do the letters on the left of each set above have in common?

____

What's Different?

Cross out the letter below that does not belong in each sound-alike set.

בּ כּ ק	מ ס ם	כּ כ ק
תּ ט ח	ע צ ץ	ח ה כ
נ ך ן	ב ו ז	שׂ ס שׁ
פּ פ ף	כּ כ ךְ	שׂ ס ם

Words Into Phrases

These phrases are read in the קִדּוּשׁ. Practice reading each one.

1. כִּי הוּא יוֹם תְּחִלָּה
2. לְמִקְרָאֵי קֹדֶשׁ
3. וּבְרָצוֹן הִנְחַלְתָּנוּ
4. מְקַדֵּשׁ הַשַּׁבָּת
5. לְמַעֲשֵׂה בְרֵאשִׁית
6. מִכָּל הָעַמִּים

RECOGNIZING ROOTS

The words in each numbered group have a common root.

- Read the words in each group.
- Write the root letters and the English meaning next to each group.

The first one has been completed for you.

English	Root	Hebrew		
rule	מ ל כ	יִמְלֹךְ מַלְכוּתוֹ	מֶלֶךְ מַלְכֵּנוּ	.1
______	______	אַהֲבַת וְאָהַבְתָּ	אוֹהֵב אַהֲבָה	.2
______	______	בָּרוּךְ הַמְבֹרָךְ	בָּרְכוּ בְּרָכָה	.3
______	______	זִכָּרוֹן זִכְרוֹנוֹת	יִזְכּוֹר זֵכֶר	.4
______	______	מִצְוֹת וְצִוָּנוּ	מִצְוָה בְּמִצְוֹתָיו	.5
______	______	קֹדֶשׁ קָדְשְׁךָ	קִדּוּשׁ קִדְּשָׁנוּ	.6
______	______	מַעֲרִיב הָעֶרֶב	עֶרֶב עֲרָבִים	.7

VOWEL KNOW-HOW

Sometimes double letters appear in words: ממ לל.

If the first letter has a *sh'va* (ְ) under it, the two letters are blended together and the *sh'va* is *sounded* ("ih" or "uh").

מְמוּ   רוֹמְמוּ   לְלוּ   הַלְלוּ

Word Building

Read the individual word-parts in each word. Then read the whole word.

1. הַ לְלוּ   הַלְלוּ
2. הַ לְלוּ יָהּ   הַלְלוּיָהּ
3. יְ הַ לְלוּ   יְהַלְלוּ
4. יְ הַ לְלוּ ךָ   יְהַלְלוּךָ
5. רוֹ מְמוּ   רוֹמְמוּ
6. רוֹ מְ מָ נוּ   רוֹמְמָנוּ
7. יְ רוֹ מְמוּ ךָ   יְרוֹמְמוּךָ
8. הִ נְנִי   הִנְנִי

SIDDUR PHRASES

Read these siddur phrases.

1. הַלְלוּ אֶת שֵׁם יְיָ
2. מֵעַתָּה וְעַד עוֹלָם הַלְלוּיָהּ
3. וּקְדוֹשִׁים בְּכָל יוֹם יְהַלְלוּךָ
4. וְלִמְקַלְלַי נַפְשִׁי תִדּוֹם
5. רוֹמְמוּ יְיָ אֱלֹהֵינוּ
6. וְרוֹמְמָנוּ מִכָּל לָשׁוֹן

READING RULE

The Letter Yud

Yud (י) is a letter if it has a vowel under it (יָ יֵ) or after it (יוֹ יוּ).

The letter י has the sound "y" as in "you."

Yud (י) is part of a vowel sound if it does not have a vowel under it or after it. (י ֵי)

Read each line aloud.

YUD: as a LETTER

1. יוֹם יַם וַיִשְׁ לְיוֹ יָדֶ
2. יֶה נָיִם יַעֲ יְהֵא יִשְׁ
3. בַּיּוֹם וְהָיוּ וַיְכֻלּוּ יִשְׂרָאֵל הַלְלוּיָהּ

YUD: as part of a VOWEL

4. אִי אֵי אֶי אַי אָי
5. בְּנֵי רָאֵי עָלַי טֶיךָ בֹּאִי וִימֵי
6. אֱלֹהֵינוּ בְּרַחֲמָיו אֱלֹהֵי הַשִּׁשִּׁי מִפָּנֶיךָ

YUD: as a LETTER/as a VOWEL

7. חַיֵּי יְהִי יָדִי יִים יְמִינְ יֶיךָ
8. יַגִּיד יְמֵי יָחִיד יוֹתֵי יֶינָה יוֹשִׁי
9. בְּמִצְוֺתָיו לִיצִיאַת יָדֶךָ לְמִקְרָאֵי מִצְרַיִם

INTRODUCTION TO THE קִדּוּשׁ

The following passage is from the Torah (Genesis 2:1-3). It is also the introduction to the קִדּוּשׁ. In this passage we read that God blessed the seventh day and called it holy. God rested from all the work of Creation.

Read each word in the passage with a ׳. Then practice reading the complete passage.

וַיְכֻלּוּ הַשָּׁמַיִם וְהָאָרֶץ וְכָל־צְבָאָם: וַיְכַל אֱלֹהִים
בַּיּוֹם הַשְּׁבִיעִי מְלַאכְתּוֹ אֲשֶׁר עָשָׂה וַיִּשְׁבֹּת בַּיּוֹם
הַשְּׁבִיעִי מִכָּל־מְלַאכְתּוֹ אֲשֶׁר עָשָׂה: וַיְבָרֶךְ אֱלֹהִים
אֶת־יוֹם הַשְּׁבִיעִי וַיְקַדֵּשׁ אֹתוֹ. כִּי בוֹ שָׁבַת
מִכָּל־מְלַאכְתּוֹ אֲשֶׁר־בָּרָא אֱלֹהִים לַעֲשׂוֹת:

A SPECIAL קִדּוּשׁ

We read a special קִדּוּשׁ on the holidays of פֶּסַח, שָׁבוּעוֹת, סֻכּוֹת, שְׁמִינִי עֲצֶרֶת, and שִׂמְחַת תּוֹרָה.

Practice reading these holiday additions.

On פֶּסַח: יוֹם חַג הַמַּצּוֹת הַזֶּה, זְמַן חֵרוּתֵנוּ

On שָׁבוּעוֹת: יוֹם חַג הַשָּׁבוּעוֹת הַזֶּה, זְמַן מַתַּן תּוֹרָתֵנוּ

On סֻכּוֹת: יוֹם חַג הַסֻּכּוֹת הַזֶּה, זְמַן שִׂמְחָתֵנוּ

On שְׁמִינִי עֲצֶרֶת and שִׂמְחַת תּוֹרָה: יוֹם הַשְּׁמִינִי, חַג הָעֲצֶרֶת הַזֶּה, זְמַן שִׂמְחָתֵנוּ

Matching Words

Several words appear more than once in the festival קִדּוּשׁ.

Read each set of phrases aloud.

1. מוֹעֵד

מוֹעֲדִים לְשִׂמְחָה

וּמוֹעֲדֵי קָדְשְׁךָ

2. שִׂמְחָה

וּמוֹעֲדִים לְשִׂמְחָה

זְמַן שִׂמְחָתֵנוּ

בְּשִׂמְחָה וּבְשָׂשׂוֹן

3. שָׂשׂוֹן

חַגִּים וּזְמַנִּים לְשָׂשׂוֹן

בְּשִׂמְחָה וּבְשָׂשׂוֹן הִנְחַלְתָּנוּ

4. שַׁבָּת

אֶת יוֹם הַשַּׁבָּת הַזֶּה

וְשַׁבָּת וּמוֹעֲדֵי קָדְשְׁךָ

מְקַדֵּשׁ הַשַּׁבָּת וְיִשְׂרָאֵל

5. עָם

מִכָּל עָם וְרוֹמְמָנוּ מִכָּל לָשׁוֹן

וְאוֹתָנוּ קִדַּשְׁתָּ מִכָּל הָעַמִּים

FESTIVAL קִדּוּשׁ

There are many phrases and sentences in the festival קִדּוּשׁ that will be familiar to you because they are found in the קִדּוּשׁ we recite each week on Shabbat. Sometimes the festival falls on Shabbat and we celebrate a double holiday! When this happens we add the words in brackets to honor Shabbat. Use your reading skills to guide you through the festival קִדּוּשׁ!

1. בָּרוּךְ אַתָּה, יְיָ אֱלֹהֵינוּ, מֶלֶךְ הָעוֹלָם, בּוֹרֵא פְּרִי הַגָּפֶן.

2. בָּרוּךְ אַתָּה, יְיָ אֱלֹהֵינוּ, מֶלֶךְ הָעוֹלָם, אֲשֶׁר בָּחַר בָּנוּ

3. מִכָּל־עָם וְרוֹמְמָנוּ מִכָּל־לָשׁוֹן, וְקִדְּשָׁנוּ בְּמִצְוֹתָיו. וַתִּתֶּן לָנוּ יְיָ

4. אֱלֹהֵינוּ בְּאַהֲבָה (שַׁבָּתוֹת לִמְנוּחָה וּ)מוֹעֲדִים לְשִׂמְחָה, חַגִּים

5. וּזְמַנִּים לְשָׂשׂוֹן, אֶת־יוֹם (הַשַּׁבָּת הַזֶּה וְאֶת־יוֹם)

On פֶּסַח we add:

6. חַג הַמַּצּוֹת הַזֶּה, זְמַן חֵרוּתֵנוּ,

On שָׁבוּעוֹת we add:

7. חַג הַשָּׁבוּעוֹת הַזֶּה, זְמַן מַתַּן תּוֹרָתֵנוּ,

On סֻכּוֹת we add:

8. חַג הַסֻּכּוֹת הַזֶּה, זְמַן שִׂמְחָתֵנוּ,

On שִׂמְחַת תּוֹרָה/שְׁמִינִי עֲצֶרֶת we add:

9. הַשְּׁמִינִי, חַג הָעֲצֶרֶת הַזֶּה, זְמַן שִׂמְחָתֵנוּ,

10. (בְּאַהֲבָה) מִקְרָא קֹדֶשׁ, זֵכֶר לִיצִיאַת מִצְרָיִם, כִּי בָנוּ בָחַרְתָּ

11. וְאוֹתָנוּ קִדַּשְׁתָּ מִכָּל־הָעַמִּים (וְשַׁבָּת) וּמוֹעֲדֵי קָדְשְׁךָ

12. (בְּאַהֲבָה וּבְרָצוֹן) בְּשִׂמְחָה וּבְשָׂשׂוֹן הִנְחַלְתָּנוּ.

13. בָּרוּךְ אַתָּה יְיָ, מְקַדֵּשׁ (הַשַּׁבָּת וְ) יִשְׂרָאֵל וְהַזְּמַנִּים.

W9-CCW-802

WRITING CHART

Script	Print	Name	Letter
		Alef	א
		Bet	בּ
		Vet	ב
		Gimmel	ג
		Dalet	ד
		Hay	ה
		Vav	ו
		Zayin	ז
		Ḥet	ח
		Tet	ט
		Yud	י
		Kaf	כּ
		Chaf	כ
		Final Chaf	ך
		Lamed	ל
		Mem	מ

Script	Print	Name	Letter
		Final Mem	ם
		Nun	נ
		Final Nun	ן
		Samech	ס
		Ayin	ע
		Pay	פּ
		Fay	פ
		Final Fay	ף
		Tsadee	צ
		Final Tsadee	ץ
		Koof	ק
		Resh	ר
		Shin	שׁ
		Sin	שׂ
		Tav	תּ
		Tav	ת